LENGUAJE CORPORAL

Guía para leer a cualquiera a través de la
comunicación no verbal

(El lenguaje corporal y la comunicación no verbal)

Yain Mateo

I0089909

Publicado Por Daniel Heath

© **Yain Mateo**

Todos los derechos reservados

Lenguaje corporal: Guía para leer a cualquiera a través de la comunicación no verbal (El lenguaje corporal y la comunicación no verbal)

ISBN 978-1-989853-24-5

Este documento está orientado a proporcionar información exacta y confiable con respecto al tema y asunto que trata. La publicación se vende con la idea de que el editor no esté obligado a prestar contabilidad, permitida oficialmente, u otros servicios cualificados. Si se necesita asesoramiento, legal o profesional, debería solicitar a una persona con experiencia en la profesión.

Desde una Declaración de Principios aceptada y aprobada tanto por un comité de la American Bar Association (el Colegio de Abogados de Estados Unidos) como por un comité de editores y asociaciones.

TABLA DE CONTENIDO

Parte 1

Introducción

Me gustaría darle las gracias por descargar el libro.

Este libro contiene información práctica sobre cómo influir en silencio, atraer y conectarse con personas a través de habilidades de comunicación no verbal para empresas y emprendedores.El arte de la comunicación es algo que la mayoría de nosotros aprendemos a medida que crecemos; sin embargo, y por muy desafortunado que sea, solo unos pocos de nosotros hemos considerado el aspecto no verbal de la comunicación. De hecho, la mayoría de nosotros nos enfocamos en la comunicación verbal, en cómo usamos las palabras en las conversaciones e interacciones diarias.El lenguaje corporal es un aspecto importante de la comunicación no verbal que es igual de importante, si no es más importante que la comunicación verbal.

Cuando no dominas el uso de la comunicación adecuada del lenguaje corporal muchos malinterpretarán constantemente sus verdaderas intenciones mientras habla, porque muchas veces sus palabras pueden no estar en armonía con su lenguaje corporal.Esta es la razón por la cual los políticos, empresarios, oradores públicos y personas exitosas tienen que pasar por una capacitación para aprender a aprovechar su lenguaje corporal. El lenguaje corporal incorrecto de un político podría costarle su carrera política o el amor de sus partidarios.Una persona de negociosincapaz de usar su lenguaje corporal adecuadamente apestaría en las negociaciones comerciales ysin las habilidades de comunicación adecuadas del lenguaje corporal; un joven profesional que busca encontrar su posición en una carrera elegida puede encontrar difícil sobresalir en las entrevistas de trabajo.Aprender a usar el lenguaje corporal para la comunicación es una habilidad muy importante que ayuda a construir y mantener relaciones duraderas. El lenguaje corporal también lo convierte en un comunicador más poderoso y un mejor negociador, habilidades que son muy esenciales para el éxito empresarial.

Esto aumenta la importancia de la comunicación del lenguaje corporal.Esta guía detallada le enseña cómo usar su lenguaje corporal para comunicarse adecuadamente, de modo que siempre que se esté comunicando, siempre pueda proyectar sus verdaderas intenciones.

Antes de que podamos aprender a usar el lenguaje corporal para influir y conectarnos con las personas, comencemos por desarrollar un buen entendimiento del lenguaje corporal.

Entender el lenguaje corporal

En una mañana de septiembre de 1960, Richard M. Nixon y John F. Kennedy se sentaron para la primera ronda de su debate electoral que fue parte de sus campañas para las elecciones presidenciales. Dado que había ocupado el cargo de vicepresidente dos veces, Richard M. Nixon era una figura popular en la escena política. Comparado con Nixon, Kennedy, por otro lado, estaba un poco en desventaja porque su rostro era relativamente desconocido.

Nixon, quien antes del debate, había sido hospitalizado, llegó con poco peso, enfermo y pálido. Contra el rostro suave y sudoroso de Nixon, se había negado a usar maquillaje para la entrevista. Kennedy tenía un aspecto tranquilo, seguro, con su piel sana bronceada y brillante. Cuando pronunció su discurso,

Nixon siguió limpiando su frente sudorosa,

con una expresión débil en su rostro alternada con expresiones en blanco en otras ocasiones.Sin embargo, no se puede negar el hecho de que hizo puntos sólidos y válidos con buenas referencias capaces de ganarle el puesto ganador en el debate. Lamentablemente, perdió el debate ante Kennedy. ¿Por qué?

Porque cuando John F. Kennedy se levantó para dar su discurso, parecía seguro, impecablemente vestido y confiado su voz sonaba hermosa, cuidada y nada menos que segura.Su confianza y su aspecto hicieron que Nixon pareciera poco preparado y poco fiable, y ustedes saben lo que dicen sobre las primeras impresiones. ¡Son muy difíciles de cambiar!Este fue uno de los momentos decisivos en la carrera política de John F. Kennedy el momento que lo catapultó a la luz pública e hizo que los estadounidensesy gente de todo el mundo se detuvo y toma nota de él.A partir de ese momento, las figuras públicas y los políticos comenzaron a prestar mayor atención a la forma en que aparecen y sus modales, especialmente cuando tienen que dirigirse al público.

Este famoso ejemplo muestra cómo el lenguaje corporal puede hacer o dañar la carrera de una persona.

¿Qué es el lenguaje corporal?

El lenguaje corporal es un medio de comunicación no verbal. Implica comunicarse mediante movimientos corporales, posturas corporales, contactos con los ojos, entonación de la voz y el espacio, en lugar de utilizar palabras o discursos verbales.

Es por esto que la psicología simplemente define el lenguaje corporal como el arte de la comunicación sin el uso de palabras.

El lenguaje corporal puede ser intencional o no intencional, por lo que no puede permitirse ignorarlo.A veces, es posible que no se dé cuenta de que las personas están atribuyendo significados a lo que está haciendo o cómo se ve. Nixon pensó que podía aparecer en el debate mirando cómo quería, siempre y cuando tuviera un discurso bien preparado y trucos bajo la manga para enfrentar a su oponente.Desafortunadamente, lo que él consideraba menos importante era en lo que la audiencia decidía concentrarse: veían una imagen de alguien que era despreocupado y desprevenido y que lo que tenía que decir no importaba.

El ser humano promedio es más inteligente de lo que la mayoría de nosotros piensa y es capaz de observar a otros y leer los significados de sus acciones y apariencias. Es por eso que a veces puedes mirar a alguien y decidir que no te gusta sin tener una interacción previa con la persona: el lenguaje corporal de la persona probablemente te estaba enviando señales, señales que considerabas desagradables.

Pero, ¿por qué es tan importante el

lenguaje corporal?

Vamos a discutir eso en detalle:

¿Por qué es importante el lenguaje corporal?

Varios expertos opinan que cualquier conversación entre dos personas o grupos de personas usa solo un 30% de palabras. El 70% restante ocurre a través de la comunicación no verbal, a través de gestos, señales y expresiones. Esta es solo una de las razones por las cuales el lenguaje corporal en la comunicación es algo que ninguno de nosotros debe descuidar.

Otras razones importantes por las que necesita dominar el arte de la comunicación no verbal incluyen las siguientes:

1. Te ayuda a expresar mejor tus sentimientos. Puede haber situaciones en las que no quiera que la gente cite sus palabras.

En tales situaciones, puede usar de manera segura su lenguaje corporal para enviar su mensaje. Además, puede usar su capacidad para leer el lenguaje corporal para detectar las verdaderas intenciones de la parte que participa activamente en la comunicación.

2. Puedes usar el lenguaje corporal para reforzar sus palabras y dar a su discurso o palabras verbales la capacidad de impactar a las personas y asegurarse de que le presten atención cuando habla.

3. El lenguaje corporal aumenta su confianza. Esto es especialmente importante si tiene una posición de liderazgo o si hay personas que lo buscan. Cuando se comunica con esas personas, dominar el arte del lenguaje corporal le ayuda a evitar el uso de lenguaje corporal negativo que puede causar desconfianza o pérdida de confianza.

4. Consideramos a algunas personas "molestias" Simplemente porque no saben cuándo parar. Cuando domina el arte de la comunicación del lenguaje corporal, aprende a leer los sentimientos de las personas, sabe cuándo se sienten incómodos o muestra reservas sobre temas específicos. Este conocimiento lo ayuda a evitar molestar a las personas y,

en cambio, complacerlos o hacer lo que ellos quieran.

5. El lenguaje corporal te hace un mejor negociador. Especialmente en los negocios, puedes ver a través de tu oponente, descifrar sus intenciones o próximos movimientos y luego hacer el movimiento más favorable para ti. Lo más importante de la comunicación del lenguaje corporal es que lo ayuda a construir relaciones personales y profesionales más sólidas y mejores. Al final del día, esto lo ayuda a convertirse en una mejor versión de sí mismo. Con esa comprensión, pasemos ahora a discutir los diferentes elementos críticos de la comunicación del lenguaje corporal.

Elementos de la comunicación del lenguaje corporal

Diferentes elementos conforman la comunicación del lenguaje corporal.
Éstos incluyen:

Expresiones faciales

Los ojos

Gestos

Postura corporal

Voz

Apariencia

Toque

Movimiento

Cuando se combinan, estos ocho

elementos te ayudan a convertirte en un poderoso comunicador. Veamos cada uno de estos elementos:

Expresiones faciales

Las expresiones faciales son una de las principales fuentes de expresión en todos los seres humanos. Las expresiones faciales son como un tablero que muestra tus sentimientos y aunque el hombre carece de la capacidad de leer mentes, a través de las expresiones faciales, cualquier persona con conocimientos de lenguaje corporal puede descifrar algunos de sus pensamientos.Sus expresiones faciales pueden revelarse cuando está contento, triste, interesado o disgustado sin la necesidad de palabras.Además, el color, las emociones, las expresiones y la humedad de tu rostro pueden revelar tus pensamientos y emociones. Vamos a discutir esto en detalle:

Color facial

Aquí están los varios colores faciales y sus significados:

Blanco:

Una cara blanca indica un torrente repentino de sangre desde la superficie facial de una persona hasta los músculos de la persona; esto indica que la persona se siente amenazada o tiene miedo.

Rojo: un repentino torrente de sangre en

la cara de una persona indica una emoción fuerte como vergüenza, enojo o felicidad.

Azul: Esto también indica miedo o frío extremo.

Humedad facial

El sudor es el mecanismo de enfriamiento del cuerpo. El sudor también puede decirte mucho sobre los sentimientos o emociones de una persona. Si se excita demasiado o se excita emocionalmente, puede hacer que el sistema de su cuerpo se caliente por dentro. Tu cuerpo luego entraría en acción y trataría de enfriarse, lo que causaría que empieces a sudar.

Emociones faciales

Docenas de señales faciales pueden revelar los verdaderos sentimientos de una persona. Algunos de ellos incluyen:

• Las fosas nasales ensanchadas, volteando la cabeza, torciendo la nariz en una mueca, una boca cerrada con una lengua que sobresale podría indicar asco.

• Los ojos abatidos, los ojos húmedos, los labios apretados y la cabeza mirando hacia abajo podrían indicar tristeza.

• Inclinando la cabeza de un lado a otro, los ojos húmedos y las cejas ligeramente juntas pueden indicar lástima.

• Los ojos anchos, los ojos que miran hacia abajo, los ojos cerrados y una boca ligeramente abierta pueden indicar miedo.

• Cabeza inclinada hacia adelante, ojos

abiertos con pupilas dilatadas, labios ligeramente separados y una sonrisa podría indicar deseo.

• La risa, los ojos brillantes, las cejas ligeramente levantadas y una cabeza nivelada pueden indicar felicidad.

• Apoyar la cabeza con ambas manos, tirar los labios hacia un lado y mirar hacia otro lado durante una conversación podría indicar aburrimiento.

• Una cara enrojecida, las cejas bajas, los ojos o la cabeza hacia abajo podrían indicar vergüenza.

• Bajar la nariz en una mueca, una boca cerrada con las esquinas hacia abajo, y mirar fijamente los ojos puede indicar envidia.

• Ojos bien abiertos, la cabeza inclinada

hacia los lados con el mentón bajo podría indicar sorpresa.

- Las cejas bajadas en los bordes exteriores y la boca inclinada en ambos lados podría significar que la persona está aliviada.

Estos son solo algunos ejemplos de algunas de las expresiones faciales universales más comunes que debe aprender mientras busca convertirse en un comunicador mejor y más inteligente.

Los ojos

En la comunicación del lenguaje corporal, tus ojos también son muy importantes. Los ojos son las "ventanas del alma" porque envían señales conscientes e inconscientes.Algunos consejos comunes sobre el lenguaje corporal que debe conocer incluyen:

Contacto visual: Durante cualquier forma de conversación, mantener el contacto visual es de vital importancia. Cuando haces contacto visual, significa interés, confianza y reconocimiento; Sin embargo, diferentes tipos de contacto visual significan cosas diferentes.

1. Mirar hacia el otro lado: mirar hacia otro lado puede significar desinterés o aburrimiento.

2. Contacto ocular de ruptura: aunque debe mantener el contacto visual mientras conversa, también debe romper y restablecer sutilmente el contacto visual porque el contacto visual prolongado

puede significar que está desafiando a la otra persona o coqueteando con ella. Evitar el contacto visual es malo porque significa inseguridad.

3. Mirar: Mirar simplemente significa que estás muy interesado en la conversación o el objeto de tu mirada. Aun así, evite mirar de pies a cabeza porque esto puede significar que está evaluando a la persona. Mantenga su mirada por encima del nivel de los ojos y no mire los labios de una persona u otras partes del cuerpo, ya que la persona puede malinterpretar esto como una muestra de interés romántico.

4. Parpadeo: el parpadeo involuntario es el mecanismo de limpieza natural de sus ojos; Sin embargo, el parpadeo rápido podría significar arrogancia. Por otro lado,

un mayor parpadeo podría indicar falta de sinceridad o estrés.

5. Entrecerrar los ojos: entrecerrar los ojos podría indicar coqueteo, incertidumbre o engaño.

6. Mirar hacia arriba o hacia abajo: mirar a una persona a veces se interpreta como un signo de aburrimiento o de ser crítico. Por otro lado, mirar hacia abajo puede ser un signo de sumisión o respeto.

6. Ojos húmedos o llorosos: esto podría indicar tristeza o felicidad extrema, cansancio, ansiedad, miedo o tristeza.

7. Mirando a la puerta: durante una conversación, no mire constantemente hacia la puerta. De lo contrario, alguien puede interpretarlo como falta de interés en la conversación o disposición para irse.

8. Pupilas ampliadas / diluidos: Esto indica deseo sexual.

9. Pupilas restringidas: Esto indica repugnancia.

10. Guiño: Esto puede significar una conspiración o entendimiento entre dos personas.

Gestos

Cuando nos comunicamos, la mayoría de nosotros movemos inconscientemente partes del cuerpo como los brazos, las piernas, la cabeza y los dedos. Estos gestos también forman parte de la comunicación del lenguaje corporal. Algunos gestos comunes que debes tomar en cuenta incluyen:

1. Cruzar los brazos: cuando cruzas los brazos, significa autodefensa. También puede expresar desacuerdo o desafío.

2. Morderse las uñas: morder las uñas puede indicar nerviosismo, estrés o inseguridad.

3. Manos en las mejillas: Esto significa una profunda concentración en el tema de conversación.

También podría significar que estás perdido en pensamientos.

4. Frotarse la nariz: Esto podría significar ansiedad, cansancio o impaciencia.

5. Tocar con los dedos: Esto significa impaciencia o cansancio.

6. Frotar las manos: Frotar las manos de una manera enérgica significa entusiasmo

o excitación.

7. Bloqueo de tobillos: bloquear los tobillos indica nerviosismo.

8. Palmas abiertas: abrir las palmas y tenerlas hacia arriba es un signo de sumisión o sinceridad.

9. Sosteniendo la cabeza en las manos: Esto podría significar que una persona está molesta o aburrida.

10. Dedos que apuntan hacia arriba: cuando se juntan los dedos y se los apunta hacia arriba, esto es un encadenamiento y significa autoridad o control.

11. Acariciando las barbas: esto sucede cuando estás pensando profundamente o cuando intentas tomar una decisión importante.

12. Asentir con la cabeza: Este es un signo

universal de acuerdo o, a veces, de sumisión.

13. Selección de la pelusa: recoger la pelusa imaginaria de su ropa puede significar desaprobación o incomodidad en la otra parte.

14. Manos a la cabeza: Esto muestra una falsa sensación de seguridad o cuando se trata de intimidar a la otra parte.

Postura corporal

Cuando te comunicas, puedes adoptar dos tipos de posturas corporales. La primera es la postura de lenguaje corporal abierto y la otra es la postura de lenguaje corporal cerrado.

Adoptar un lenguaje corporal abierto

durante la comunicación te hace parecer expresivo y seguro. También podría hacerte parecer agresivo o argumentativo. Ejemplos comunes de lenguaje corporal abierto incluyen:

Piernas sin cruzar: si mantiene las piernas sin cruzar mientras se inclina hacia adelante y coloca las manos sobre los muslos durante una conversación, podría significar deshonestidad o tener algo que ocultar.

Brazos no cruzados: cuando usted cruza los brazos, significa ser honesto, abierto y franco.

Adoptar un lenguaje corporal cerrado podría significar que tienes motivos ocultos u ocultos.

Algunos ejemplos de lenguaje corporal

cercano incluyen:

Piernas cruzadas: cruzar las piernas mientras está sentado podría ser un signo de desinterés en los argumentos o puntos de la otra persona.

Por otra parte, pararse con las piernas cruzadas podría significar un profundo interés en la discusión en cuestión.

Brazos cruzados: A veces, esto podría significar desafío, una mentalidad decidida que no está dispuesta a cambiar, o una persona que no está dispuesta a aceptar las opiniones o ideas de otra persona.

Voz

Durante la conversación, el tono de su voz también contribuye a la comunicación del lenguaje corporal. Dos factores principales contribuyen al lenguaje corporal de la voz. Estos son:

Tono:

El tono de su voz puede decir mucho sobre sus emociones y sentimientos en un momento determinado. Si sabe cómo controlarlo, también puede enmascarar sus sentimientos. Una voz aguda puede significar emoción y felicidad, mientras que una voz grave puede significar autoridad u orden.

Tono: su tono de voz y la melodía en su voz pueden indicar pérdida de interés. Si desea demostrar que está profundamente interesado en una conversación, puede enfatizar sus palabras y, en el mismo sentido, un menor énfasis en las palabras puede significar una pérdida de interés en la conversación.

Apariencia

La apariencia también contribuye a cada conversación.

Su apariencia tiene un impacto visual en otras personas y su apariencia agradable y en conjunto puede llevarlo lejos. Asegúrate de cómo vestirte no envía las señales equivocadas. Siempre vístase para adaptarse a la ocasión y asegúrese de vestirse cortésmente, especialmente cuando la ocasión es una salida de negocios.

Toque

El último elemento de comunicación del lenguaje corporal es el tacto. Tocar es un tema delicado porque algunas personas consideran que tocarlas es grosero, irrespetuoso o incluso ilegal en algunas culturas.

Puede tocar a alguien como una forma de atraer la atención de esa persona, hacer que la persona se sienta cómoda o como una manera de alentarla.

Sin embargo, al usar este elemento del lenguaje corporal, debe ejercer discreción, especialmente cuando la otra parte es del sexo opuesto.

En el siguiente capítulo, lo reduciremos al uso del lenguaje corporal en los negocios.

El lenguaje corporal en los negocios

¿Sabe que el éxito de un encuentro en particular comienza en el instante en que la otra parte pone sus ojos en usted? Una de las cosas que la persona nota, aparte de su apariencia, es su aura como lo muestra su lenguaje corporal. Tu lenguaje corporal habla a las personas mucho antes de que incluso abras la boca.Por lo tanto, al igual que prepararía su discurso y apariencia para las salidas de negocios, también debe preparar su lenguaje corporal: decida cómo quiere que los demás lo perciban y los mensajes que desea que transmita su lenguaje corporal, y luego prepárese en consecuencia.Aquí hay algunos consejos generales que puede utilizar para mejorar el lenguaje corporal de su empresa en cualquier situación.

Adoptar una buena postura

Cómo te comportas es una de las primeras cosas que las personas notan sobre ti. Evite adoptar posturas débiles como encorvarse, encorvarse los hombros y un estómago sobresaliente, ya que esto le hace parecer inseguro o inseguro de sí mismo y, sin darse cuenta, puede terminar alejando a las personas.

En su lugar, debe pararse o sentarse con el pecho hacia afuera, con los hombros hacia atrás y el estómago hacia adentro. También debe mantener la cabeza alta.Cuando esté de pie, siempre debe estar parado con los pies firmemente plantados a una distancia de seis a ocho pulgadas. Si está parado con otras personas, coloque uno de sus pies ligeramente frente a los demás. Esto envía una señal de que estás equilibradoo profundamente arraigado.

Dar un firme apretón de manos

En las comunicaciones de negocios, los apretones de manos son muy importantes. Un apretón de manos puede potenciar o debilitar una relación. Siempre da un apretón de manos fuerte y firme; sujete firmemente las manos de la otra parte y mantenga el contacto visual mientras agita entrelazado, no más de tres veces.

También puede usar el apretón de manos de alguien para determinar sus intenciones.Por ejemplo, cuando una persona le extiende un apretón de manos y trata de mover su mano hacia la parte superior, significa que la persona está tratando de controlarlo; la transpiración de las manos plagadas de un apretón de manos puede significar que la persona es tímida o sufre de ansiedad.

Mantener el contacto visual

Anteriormente mencionamos que los contactos visuales son muy importantes, especialmente cuando desea mostrar confianza o mostrar comprensión. Al mantener una discusión con otra persona, inicie el contacto visual tan pronto como comience la discusión y continúe manteniendo el contacto visual hasta el final de la discusión.También es importante saber dónde mirar; imagine que hay un triángulo invertido en la cara de la otra persona, con su base justo por encima de los ojos con los otros dos lados descendiendo sobre ella y que se unen entre la nariz y los labios de la persona.

Debes centrarte en este triángulo imaginario a lo largo de la conversación.No mire ni prolongue su mirada sin romper el contacto visual; de vez en cuando mira hacia abajo y luego dirige tu mirada de nuevo al triángulo imaginario de nuevo para que tu contacto visual no se vuelva intimidante y dominante.

Llevar una sonrisa

Esta es la expresión facial más importante que puede adoptar durante la comunicación comercial.

Puedes usar una sonrisa para crear un ambiente positivo y ganarte el respeto de la gente. Es mejor sonreír que fruncir el ceño o reírse.

Consejos de lenguaje corporalpara negociaciones comerciales

Al negociar un acuerdo comercial, es normal que quiera tener la ventaja para que la negociación pueda terminar a su favor. Sin embargo, lo que debe saber es que negociar es un arte que va más allá de pronunciar las palabras correctas: su lenguaje corporal también contribuye al resultado de su negociación.

Aquí hay algunos consejos sobre el lenguaje corporal que pueden mejorar el resultado de sus negociaciones comerciales en el futuro:

1. Construya la relación reflejando las acciones, el comportamiento y el tono vocal. Esto asegura que su compañero de conversación se sienta conectado a usted.

2. Asiente con la cabeza y mantenga el contacto visual incluso cuando la otra persona dice algo con lo que no está de acuerdo. Hacer esto ayuda a desactivar la tensión y construir la alineación incluso cuando la conversación es polémica.

3. No se mueva o junte sus manos con

fuerza, ya que esto es un signo de nerviosismo y, si está mostrando nerviosismo, la otra parte puede aprovecharlo. Por lo tanto, siempre debe proyectar confianza y equilibrio colocando sus manos justo debajo de su pecho con los dedos juntos, excepto cuando quiera hacer un punto.

4. Plante firmemente sus pies en el suelo: hacer esto le ayuda a mantenerse seguro.

5. Asegúrese de que su cuerpo permanezca relajado sin ningún signo de tensión y su lenguaje corporal complementa su tono de voz.

Mantenga una disposición calmada al hablar suavemente y evitar palabras agresivas o lenguaje corporal. Esto aumenta la confianza de la otra parte en usted.

6. Sonríe: Sonreír crea un aura de amistad que aumenta el resultado de la negociación.

7. Por último, mantenga una postura corporal abierta, mantenga el contacto visual y sea muy paciente.

En la siguiente parte, discutiremos el lenguaje corporal con respecto a hablar en público.

Consejos de lenguaje corporal para hablar en público, dar discursos y hacer presentaciones

En manos de un orador público eficaz, el lenguaje corporal es una de las herramientas más poderosas. Tan pronto como se presente ante una audiencia, puede estar seguro de que lo están evaluando, observando y juzgando. Puedes usar tu lenguaje corporal para aumentar tu influencia, presencia y credibilidad.

Lo primero en lo que necesitas concentrarte es en tu apariencia. La forma en que te ves cómo te ves ante una audiencia puede determinar la respuesta inconsciente de la audiencia hacia ti.

Aquí hay varios consejos sobre el lenguaje corporal que lo ayudarán a convertirse en un orador público efectivo:

1. Usa movimientos y gestos que mantengan a tu audiencia enfocada en ti. Al hablar en público, esto se conoce como NODS (Neutral, Abierto, Definido y Fuerte). Neutral: esto significa que debes comenzar

tu conversación adoptando una posición neutral con las manos a los lados.

Abierto: se abre a su audiencia para que usted influya en ellos y en el proceso, permita que ellos lo influyan (sea capaz de leer el estado de ánimo de la audiencia y ajustarse en consecuencia).

Definido: Al gesticular, se utilizan movimientos definidos de la mano.

Fuerte: los movimientos también deben ser fuertes.

2. Usa tu espacio y no te quedes solo en un lugar: el escenario es tuyo por una razón: úsalo. El uso efectivo del espacio ayuda a mostrar a su audiencia que está seguro y cómodo en su propia piel. Sin embargo, debes evitar exagerar.

3. Usa la tecnología pero no dejes que te

use a ti. Si va a juntar su presentación con cualquier dispositivo visual o de audio, asegúrese de tener todo resuelto y ensayado antes de subir al escenario. Esto lo ayudará a evitar errores y distracciones innecesarios que lo harán parecer poco profesional.

4. Usa expresiones faciales. Antes de la presentación, párese frente al espejo y practique expresiones faciales que le ayudarán a reforzar su punto. A veces, tus expresiones faciales pueden hacer la mayoría de las conversaciones.

5. Trabaja en tus voces. Cuando conoce las palabras correctas para usar, contribuyen al éxito de su discurso, así que antes de la presentación, practique, practique y luego practique un poco más.

A continuación, discutiremos cómo usar el lenguaje corporal para su ventaja durante las entrevistas.

Consejos de lenguaje corporal para entrevistas de trabajo

La mayoría de las veces, las entrevistas son muy competitivas, ya que todos los candidatos tienen algunos trucos bajo la manga para asegurarse de que él o ella es quien consigue el trabajo al final del día. Sin embargo, muchos candidatos a las entrevistas no consideran su lenguaje corporal.

Los expertos en carreras creen que la comunicación adecuada con el lenguaje corporal puede ayudarlo a conseguir un trabajo porque el lenguaje corporal es una de las muchas cosas que los entrevistadores utilizan para determinar el carácter de los entrevistados.

Para asegurarse de que usted es el que obtiene ese trabajo después de una entrevista, debe:

Sentarse apropiadamente

Siéntese firme y recto con la espalda apoyada en la silla. Esto le muestra a sus entrevistadores que usted es una persona muy segura. Si está tan acostumbrado a encorvarse que le resulta difícil sentarse derecho, puede adoptar este truco útil:

Siéntese derecho y suponga que hay una cuerda imaginaria colgada en eltecho y que lo levanta de la coronilla. Esto te ayudará a evitar el encorvamiento inconsciente.

Evite el contacto directo con los ojos

Cuando se comunica, mantener el contacto visual es importante; sin embargo, en las entrevistas, mantenga el contacto con la cara en lugar de un contacto visual directo.

Esto le ayuda a verse comprometido e interesado en la discusión. Imagina que hay un objeto girando en la cara del entrevistador y usa tu ojo para seguir este objeto.

Puede rotar la mirada de la frente de la persona a la nariz, los labios, los ojos, etc. para que no termine mirando al entrevistador y parezca que no tiene ni idea.

Utilizar gestos con las manos

Durante las entrevistas, debe utilizar gestos con las manos para su ventaja. Cuando no usas tus manos, los entrevistadores pueden malinterpretar esto para decir que estás ocultando tus manos, lo que significa que estás ansioso o no confías.

Estas no son las cosas que quieres proyectar durante una entrevista.

Pon tus palmas hacia arriba

En la sección anterior, hablamos sobre lo que significa mantener las palmas abiertas durante una discusión. Mantener las palmas abiertas significa honestidad y no tener nada que ocultar.

Durante las entrevistas, adopte un lenguaje corporal abierto que incluya poner las palmas hacia arriba para que pueda generar confianza y proyectarse como una persona segura y directa.

Planta tus pies en el suelo

Siéntate derecho, mira al entrevistador y planta tus pies en el suelo. En ningún momento durante la entrevista debe alejarse del entrevistador o mirar a la puerta.

Respirar

Decirle que no se sienta ansioso antes, durante y poco después de una entrevista; se le estaría pidiendo demasiado porque todos, incluso las personas más seguras, sienten un poco de ansiedad y temor antes de una entrevista importante, como una entrevista de trabajo.

Incluso cuando su interior es un choque nervioso, aprenda cómo controlar su ansiedad para que no parezca tan obvia.

Una forma de controlar la ansiedad es respirar: inhale y exhale cuando habla para que su ansiedad no parezca tan obvia y disminuya la frecuencia cardíaca.

Caminar con confianza

Tu caminar es parte de tu lenguaje corporal; Camina con confianza con los hombros hacia atrás y el cuello alargado. Camine con los pies apuntando hacia el entrevistador, inicie el contacto visual con miradas ocasionales hasta que llegue a donde está el entrevistador y luego inicie un apretón de manos antes de sentarse con confianza.

Cabecear (asentir)

Al escuchar, no se quede sentado mirando

al entrevistador, asiente con la cabeza mientras habla para mostrar comprensión, concentración e inteligencia. Incluso puedes sonreír cálidamente si la situación lo requiere. Por último, inclínate. Puedes inclinarte para unir tu discurso con el lenguaje corporal.

En todo lo que haga, asegúrese de evitar cometer los errores que analizaremos a continuación.

Errores de lenguaje corporal para evitar

En un entorno empresarial, debes evitar varios tipos de errores en el lenguaje corporal simplemente porque usar gestos específicos del lenguaje corporal puede sabotear tu carrera. Hemos mencionado la mayoría de ellos en los capítulos anteriores, pero es necesario enfatizar estos errores dedicándole una sección completa.

Algunos de estos errores incluyen:

Gestos exagerados

Cuando hable con otras personas, evite usar gestos exagerados porque usar tales gestos puede implicar que está estirando demasiado la verdad o tratando de ocultar la deshonestidad. Para mostrar honestidad y confianza, utiliza gestos pequeños y controlados.

No mires tu reloj de pulsera

Mirar su reloj de pulsera, especialmente cuando lo hace de manera consistente, es un signo de falta de respeto, cuyo significado se puede interpretarcomo que no está interesado en la conversación o que la conversación actual es aburrida. También podría hacerte parecer una persona impaciente.

No mires a la puerta

No mire constantemente hacia la puerta y evite mirarla por completo, excepto cuando haya terminado la conversación y desee retirarse.

No te alejes de los demás

La gente interpreta que apartarse de ellos es un gesto de una mala educación o como un signo de incomodidad.

Desviarse también puede hacer que parezca que no está interesado en la conversación o que no confía en la persona con la que está hablando.

No cruce sus brazos o piernas

Como se dijo anteriormente, cruzar los brazos y las piernas es un lenguaje corporal cerrado. El lenguaje corporal cruzado no es bueno para los negocios. Cuando muestra lenguaje corporal cerrado, los socios comerciales pueden interpretarlo como que está siendo deshonesto, escondiendo algo o que está excluyendo deliberadamente a la otra persona. Cruzar los brazos y las piernas también puede significar obstinación o desafío.

La expresión facial inconsistente es mala

Sus palabras y tono de voz deben coincidir con sus expresiones faciales. No puedes hablar fuerte y apasionadamente, expresando disgusto y al mismo tiempo, sonriendo. Este tipo de inconsistencia enviará el mensaje incorrecto y puede terminar confundiendo a su destinatario.

Evitar los cabeceos fuertes

Los cabeceos fuertes, como afirmaciones y negaciones exageradas, hacen que parezca que está fingiendo que comprende el tema en discusión. Aunque asentir con la cabeza es un signo de acuerdo, de concentración en la discusión, evite asentir en forma fuerte y siempre que no entienda algo, en lugar de asentir, haga preguntas directamente relacionadasal tema en cuestión. Las preguntas te hacen parecer atento e interesado. Si no entiende algo, solicite una aclaración a la otra parte.

No pongas los ojos en blanco

Bajo ninguna circunstancia deberías jugar

tus ojos. Poner los ojos en blanco es una señal de falta de respeto.

Evite apretar los puños

El puño cerrado es una forma de lenguaje corporal cerrado que te hace parecer defensivo y argumentativo.

No te acerques mucho

Respete los espacios personales de cada individuo y evite acercarse demasiado a ellos, excepto si ya tiene una relación personal con esa persona con la que está conversando o conversando

Conclusión

Dominar un excelente lenguaje corporal no ocurre de la noche a la mañana: requiere mucho tiempo y práctica constante; por lo tanto, no te castigues si no dominas este arte con los primeros intentos. Manténgase al tanto y pronto, dominará el arte del lenguaje corporal, desde una perspectiva de visualización y lectura.

Para practicar, consiga un espejo y elija un momento del día en el que pueda pararse o sentarse frente a él para practicar su lenguaje corporal. Gradualmente, logrará corregir el lenguaje corporal incorrecto y desarrollar un lenguaje corporal excelente que mejore su carrera y sus relaciones.

Parte 2

Introducción

Primero quiero agradecerte y felicitarte por haber descargado este libro.

Usamos el lenguaje corporal tan seguido que rara vez pensamos al respecto, pero de todas formas influencia nuestras acciones, percepciones, sentimientos y la calidad general de nuestra vida, carrera y relaciones, en gran medida.

Por lo tanto, el lenguaje corporal es una herramienta que podemos usar para construir un carácter fuerte. Si descuidamos el uso de esta gran herramienta, nuestro carácter no será tan fuerte.

Afortunadamente, cualquiera puede aprender cómo usar el lenguaje corporal progresivamente, para su propio beneficio, sin importar el contar con experiencias previas con el, porque podemos utilizar el lenguaje corporal de forma inconsciente desde que somos niños, es algo instintivo para nosotros.

El poder arribara cuando aprendas a usar el lenguaje corporal deliberadamente en el tiempo y lugar correcto para conseguir lo mejor de cada situación e interacción social. Este libro contiene pasos y estrategias comprobadas para ayudarte a hacer esto.

El cambio es posible con pequeños y progresivos pasos. Cada pequeño paso es un pequeño suceso. Leer este libro es tu primer paso. Ya comenzaste a triunfar porque estás leyendo estas líneas.

Capítulo 1: Comunicar sin palabras

Para muchos, la idea del lenguaje corporal representa efectivamente una forma de comunicación sin palabras. Sin embargo, el problema es que luego se reduce al modo en que la otra parte interpreta esos sutiles movimientos. ¿Son capaces de hacerlo en la misma manera en que los estas retratando? Para empezar, ¿estas enviando las señales correctas?

También es importante tener en cuenta que no toda "señal"que enviamos es intencional ya que es cuando la mente inconsciente entra en juego. Frecuentemente el concepto de lenguaje corporal es desestructurado en su acercamiento; es complejo y las reglas que proyecta son fluidas, y para muchas esto es lo que da una sensación de temor a su alrededor, llevando a causar el incremento del estrés y la ansiedad.

Cuando te detienes a pensar en ello, el lenguaje corporal es la forma en que teníamos que comunicarnos antes de que fuéramos capaces de hablar como humanos. Gruñidos, señalar con el dedo, variados gestos con las manos, son todas formas de comunicación no verbal que funcionaba. La equivalencia moderna es tan solo una evolución de aquellos tempranos tiempos en el cual teníamos un conocimiento mucho menor de lo que las diferentes partes significaban realmente.

El lenguaje corporal puede ser aprendido

A pesar de que hay aspectos del lenguaje corporal que son tratados en un nivel inconsciente, hay diferentes partes que podemos aprender para luego poner en buen uso. La mejor parte es que no es una ciencia espacial exacta, y la diferencia que se puede alcanzar gracias a simplemente alterar unas pocas áreas es realmente muy impresionante.

Hay numerosos trabajos donde el entendimiento del lenguaje corporal puede ser usado a tu favor, cubriré esto en un capitulo posterior, pero ahora mismo es importante comprender que estos individuos no se levantaron simplemente una mañana y habían dominado este particular arte por su cuenta. En su lugar, ellos fueron guiados acerca de cómo hacer movimientos poderosos o mostrar confianza a través de su cuerpo, y funciona.

Entonces, esto es lo que haremos a través de este libro.

Primero, veremos los aspectos absolutamente básicos del lenguaje corporal para darte un nivel elemental para poder construir a partir de el a medida que el tiempo avanza. También se le dedicara tiempo a observar como leer el lenguaje corporal de otros para acertar en que es aquello que genuinamente están pensando o sintiendo en cualquier momento.

Entendiendo ambos lados de la moneda, esperadamente estarás en una mejor posición para poder usar el lenguaje corporal a tu beneficio una y otra vez, cambiando tu vida para mejor. Enfrentémoslo, ¿Quién no querría que eso le pasara?

Con esto dicho, comencemos.

Capítulo 2: Los Básicos del Lenguaje Corporal

Entonces, ahora que te he dado una breve introducción al lenguaje corporal en general, es tiempo de explorar los básicos para ayudarte a llegar a un acuerdo con lo que ya conoces del tema, y también para incorporarlo aúnmás en tu vida.

Claramente tendré que concentrarme en las cosas conscientes que hacemos en lugar de en las partes inconscientes ya que estarán fuera de nuestro control. De todas formas, hay mucho que cubrir tan solo con esta parte del lenguaje corporal.

Tu Cuerpo Puede Retratar Emociones y Pensamientos

Indudablemente hay un nexo entre el cuerpo y la mente incluso cuando crees que tus pensamientos están siendo mantenidos para ti mismo, este no siempre es el caso.

Piensa en un momento en el que estuviste nervioso o ansioso. Se honesto contigo mismo acerca de cómo estaba tu cuerpo en este punto.

L mayoría de las personas hallaran que su cuerpo se pone más tenso. Puedes agitarte mucho y ponerte inquieto. Tu cabeza se posicionara más debajo de lo que usualmente lo haría. Frecuentemente cruzaras tus brazos sub conscientemente, o si estas sentado cruzaras tus piernas, y todo esto esta enviado señales de que estas ansioso.

Cuando piensas en ello lógicamente, si cruzas tus brazos o piernas, estás haciendo tu cuerpo más pequeño de lo que usualmente es y está ocupando menos espacio. Es un método para tratar de hacerte a ti mismo casi invisible y es un signo de que preferirías estar en cualquier otro lado aparte de donde estas en este momento.

Si mantienes ese pensamiento en mente mediante el resto de este capítulo, luego deberías notar que el resto caerá en su lugar sin mucho problema.

Formas del Lenguaje Corporal Básico

Para hacer la vida más sencilla, podemos ver las diferentes formas del lenguaje corporal, y para el final de esta parte del libro quiero que tu tan solo te detengas por un momento y pienses acerca de cuantas de ellas haces en una base diaria.

Hay claramente varias partes de tu cuerpo con las que lidiar así como la manera en la que hablas. Además, necesitas estar consciente de la manera en que saludas a las personas porque eso también juega un papel. Entonces, con esto en mente, miremos las cosas divididas en varias partes.

1. Tu Cuerpo Principal

Con esto me refiero a la zona del cuello hacia abajo. La manera en que te paras, sientas, o te mueves resultara en las personas interpretando cómo te sientes en cualquier momento dado. Las personas prestan atención a cuan separados tus pies se encuentran dado que esto demuestra tanto una postura débil como poderosa. Al mismo tiempo, lo que estas haciendo con tus manos será interpretado tanto en una forma positiva como negativa.

2. Tu Cabeza

Voy a discutir el rol de la cabeza en un capitulo posterior, pero ahora mismo solo quiero señalar que muchas expresiones y emociones provienen de tu cabeza que puede ofrecer un punto focal real respecto al lenguaje corporal. Desde la manera en que enfocas tu cabeza ya sea directamente hacia adelante o mirando hacia abajo, a la forma en que tu cuello parece estar rígido o relajado. Tu boca, tu mirada, si empleas tiempo rascando partes de tu rostro, todos ellos juegan un rol en el modo en que retratas tus emociones y sentimientos a través de tu cabeza.

3. Lenguaje Corporal Abierto y Cerrado

Hay dos categorías principales del lenguaje corporal, abierto y cerrado. El abierto representa alguien que es seguro en lo que hace sin miedo, mientras que el cerrado muestra a alguien que es ansioso o temeroso. También míralo de este modo. Abierto significa que llenas el espacio en el que te encuentras mientras que cerrado es el completo opuesto, contigo haciéndote lo más pequeño posible. Aprende los diferentes movimientos entre estos dos y podrás ser capaz de alterar completamente la manera en que las personas te perciben en variados momentos.

4. Tus Gestos

Tus gestos son otra forma de lenguaje corporal, y todos los hacemos en nuestros variados modos. Sin embargo, la manera en que tú los haces va a variar en gran escala y puede enseñar ya sea miedo o confianza abrumadora. Una vez más tenemos que pensar acerca del espacio y la fuera de tus gestos para comprenderlos. Pequeños gestos, o la completa ausencia de ellos, es interpretado como temor y ansiedad. Grande y ocupando el espacio con ellos completamente en sus movimientos, exuda confianza.

5. Tu Franqueza

Cuan directo eres cuando tratas con personas, también representa una forma de lenguaje corporal. Si te espantas de ellos hablando tranquilamente, inquietándote, evitando el contacto visual y siendo más indirecto en el modo de interactuar, entonces podrás comprensiblemente ser visto como nervioso y las personas podrían caminarte por arriba. De todas formas, haz lo opuesto y las personas sentirán que no eres alguien con quien jugar y que sabes que es lo que estás haciendo.

6. Tu Caminar

La manera en que caminas, ya sea en la calle o cuando entras a una habitación, es usualmente un buen indicador acerca del tipo de emociones o sentimientos que tienes en ese momento en el tiempo. Un fuerte lenguaje corporal significa que caminas con un paso saludable, con una postura erguida, la cabeza arriba, el pecho hacia afuera y los hombros hacia atrás- Caminas a un paso normal sin apurarte hacia ninguna parte. Haciendo lo opuesto de estas cosas es visto como negativo y debería ser evitado siempre que sea posible.

7. Saludando a las Personas

Cuando se saluda a las personas, la forma en que lo haces implica también un modo de lenguaje corporal. Une vez más, estás buscando transmitir fuerza en lo que estás haciendo así como siendo asertivo en cada una de las partes. Cuando se saluda a una persona necesitas tener un firme apretón de manos, asegurarte de sonreírle y siempre mirarlos directamente a los ojos. También mantén tu cuerpo lo más relajado posible.

Una breve lista de Movimientos Importantes

Como puedes ver, estos siete métodos diferentes por los cuales el lenguaje corporal puede utilizarse implican que hay una tendencia de acuerdo a la cual hacemos variados movimientos un número de veces al día. Sin embargo, también necesito proveerte una breve lista de los movimientos principales que todos tendemos a hacer bastante en una base regular. Siendo consciente de los movimientos más positivos en el lenguaje corporal, ser más sencillo para ti luego incorporarlos en tu mente consciente.

1. Los Movimientos Positivos

Ten una postura relajada pero fuerte.

Ocupa más especio en lugar del menor espacio posible,

Inclínate ligeramente hacia una persona cuando está hablando.

Coloca tus brazos cómodamente a tus lados.

Mantén los pies separados acorde al ancho de tus hombros.

Usa gestos solidos con tus manos para desplegar confianza y enfatizar un punto.

Ten un apretón de manos firme pero no los aplastes.

Mantén el contacto visual.

Asiente con tu cabeza o sonríe cuando estás de acuerdo con alguien.

Disminuye el ritmo de las cosas un poco ya que esto muestra confianza.

Aleja los objetos de ti ya que estos son vistos como resistencia.

2. Los Movimientos Negativos

Nunca mires a tu reloj ya que muestra que te quieres ir.

Nunca mires hacia el suelo porque refleja

que no estas interesado.

Nunca mires demasiado fijamente a las personas o mantengas la mirada alejada de ellas.

No te agites.

No cruces tus brazos o piernas ya que cierran tu cuerpo,

No te reclines mientras hablas con alguien.

Evita tocar tu rostro ya que dice que estas ansioso.

No estés tocando cosas ya sea a ti mismo o tu ropa.

Nunca te sientes en el borde de la silla.

Nunca golpetees tu lapicera o ningún otro objeto.

Cuida cuan seguido parpadeas.

Evita acercarte demasiado a un individuo y recuerda su espacio personal.

Nunca sonríasfalsamente; es demasiado obvio.

Relájate y no te pongas demasiado rígido ya que eso también es muy obvio.

Hay muchas otras cosas que podría mencionar aquí, pero las dos listas de positivos y negativos van a ser suficiente para educarte en el tipo de cosas que necesitas hacer de una manera positiva. Cometerás errores en diferentes momentos, pero eso está absolutamente bien ya que todo el mundo lo hace, siempre y cuando no te afecte.

Habiendo dicho esto, hay algunos sutiles signos asociados con el lenguaje corporal que también necesitas conocer, y allí es a donde me dirigiré a continuación.

Capítulo 3: Enfrentarse a esos Sutiles Signos

En el capítulo inicial mencione cuan seguido habrán aspectos del lenguaje corporal que son muy sutiles en su naturaleza. Sin embargo, gracias a esta sutileza hay una chance muy real de que te los pierdas o incluso minimices como muestras ciertas cosas por ti mismo.

Entonces, con eso en mente, te llevare a través de algunos de esos sutiles signos clave tan solo para hacer la vida un poco mássencilla. También, puedes tal vez ver este capítulo como una enseñanza acerca de cómo leer el lenguaje corporal también, dado que eso probara ser bastante útil en la vida.

La Llave para la Sutileza

Como la palabra sugiere, es frecuentemente el más pequeño de los movimientos en el lenguaje corporal el que puede decirnos, o divulgar, la mayor información. Para algunos, esto probara ser algo depresivo ya que descubren que no han sido capaces de esconder sus verdaderos sentimientos o emociones tan bien como lo habían pensado.

Para ayudar, voy a darte algunos ejemplos de a lo que me refiero son signos sutiles que no solo te harán consciente de cuando los uses tú mismo, sino también como luego identificarlos en otros.

El Uso de los Ojos

Probablemente has escuchado el dicho acerca de que los ojos son las ventanas del alma, y en el lenguaje corporal no hay duda de que son capaces de decirte mucho acerca de lo que la persona está pensando o sintiendo.

Piensa al respecto por un momento.

Si estás hablando con alguien y notas que los ojos se están moviendo hacia todas partes, ¿Cómo te sientes? Las posibilidades son que percibas que el individuo está ansioso o aburrido ya que está dando señales entre esas líneas tan solo por el modo en que es incapaz de mantener cualquier sentido de contacto visual.

En su lugar, necesitas asegurarte de mirar a los individuos en lugar de ignorarlos con tu mirada mientras hablas. No es tan solo de poca educación, sino que también es visto como un pobre lenguaje corporal y dará una impresión equivocada.

La Distribución del Peso

La distribución del peso es otro sutil signo que puede decirte mucho acerca de un individuo y aquellos que está pensando o sintiendo. Por ejemplo, es aceptado que la manera en que distribuyes tu peso puede enviar señales acerca de si estas o no cómodo. Un individuo que tiende a poner más peso en un pie que en el otro estáenviando la señal de que está ansioso y le encantaría poder irse a otra parte. Para una señal positiva necesitas plantar ambos pies firmemente, los hombros bien separados y asegurarte de que tu peso este distribuido de forma balanceada, ya que esto muestra una pose más confiada.

Tu Postura

Usualmente se nos dice que tenemos que tener una buena postura para prevenir problemas de espalda en el futuro, pero ocurre algo más.

Para reflejar un lenguaje corporal fuerte y seguro, tienes que tener una buena postura. Por ejemplo, cuando estas sentado en una silla, nunca deberías encorvarte. Tampoco deberías inclinarte hacia adelante ya que ambos tienen el impacto de hacerte ver más pequeño en tamaño y esto es exhibición de ansiedad.

En su lugar, tu postura en la silla debería de mostrar una espalda apoyada en el respaldo, sentado derecho pero también pareciendo estar relajado.

En adición, al estar de pie o caminando, una buena postura implicaría que estas a tu altura completa en lugar de levente encorvado sobre el individuo, lo cual la mayoría tendemos a hacer. Una vez más, puedes ver como el caminar derecho con tus hombros hacia atrás, tu cuello completamente extendió, te mostrara como alguien que no tiene miedo y se siente confiado en lo que es.

Tensión

¿El individuo con el que estás hablando parece estar tenso en su cuerpo e incluso en su voz? Cierta rigidez en el cuerpo es vista generalmente como una representación de ansiedad y miedo, y todavía es una cosa que podemos pasar por alto.

¿Qué está haciendo con su cuello? ¿Qué hay acerca de sus hombros? La tensión y los nervios usualmente pueden ser hallados en estas partes del cuerpo así como en sus movimientos.

Tus Movimientos

Tus movimientos puede, por supuesto, ser el resultado de ambos la ente consciente y la inconsciente. De todas formas, cosas como el ángulo en el que estas mientras le hablas a alguien puede conllevar ciertas interpretaciones acerca de cómopodrías estarte sintiendo. Siempre ten en mente las señales del lenguaje corporal abierto ycerrado y como se relacionan con esos movimientos. También, incluso si es aceptado que los movimientos fuertes representan a un individuo seguro, hay un punto limite en el cual se vuelve demasiado obvio que estas efectivamente intentando encubrir el hecho de que estas ansioso.

Señales sutiles pueden hacer una enorme diferencia en tu entendimiento del lenguaje corporal y de un individuo. Ser consciente de los más pequeños signos simplifica la interpretación de su humor o emocionas, siempre y cuando lo uses para tu propio beneficio.

Capítulo 4: Como Usarlos en Tu Favor

El lenguaje corporal puede tener tanto un impacto positivo como no negativo, pero no hay duda de que podemos usarlo en nuestro beneficio si sabemos lo que estamos haciendo.

Con eso en mente, exploremos como podrás, en efecto usar el lenguaje corporal tanto para localizarte a ti mismo en una mejor posición o incluso hacer ms probable que seas capaz de obtener lo que quieres.

La manera exacta en que puedes usar esto en tu beneficio dependerá de que es lo que quieras alcanzar. Entonces, te daré un par de posibles escenarios y el papel que jugara el lenguaje corporal en él, tan solo para que puedas ver como podrías adaptar esos sutiles movimientos tú mismo.

Usando el Lenguaje Corporal para Conseguir lo que Quieres

Para obtener lo que queremos, tiene que

haber una necesidad para nosotros de exhibir un lenguaje corporal fuerte y seguro. Después de todo, nadie nos escucharse si mostramos señales respecto a estar ansiosos y estar en cualquier otro lado que donde estamos en el momento.

Hay varias cosas que puedes hacer para exhibir fuerza y poder y estas cosas han sido intentadas y probadas una y otra vez, en varias maneras e industrias.

Para la confianza necesitas un lenguaje corporal abierto. Necesitas llenar el espacio ya que esto es interpretado como fortaleza. De todas maneras, también recomendaría que uses estos consejos para en última instancia encontrarte como confiado y seguro.

1. Quédate quieto

Un individuo que está ansioso y nervioso tendera a agitarse y moverse hacia todas partes. Se los ve como inquietos debido a la adrenalina que corre por su cuerpo. Si estas intentando exudar confianza, entonces es mejor tanto sentarse quieto o quedarse de pie fuerte y constante.

También, ten tus pies separados a la altura

de tus hombros porque esto refleja incluso más fuerza y asegura que estés en equilibrio con el peso en ambos pies. Si estas parado más en una pierna que en la otra, se ve como que quieres irte.

2. Siéntate firme.

Si estas sentado, entonces quieres ocupar el espacio de la silla tanto como sea posible, para que tu cuerpo permanezca abierto. Siempre recuéstate hacia atrás en lugar de hacia adelante, y ten tus pies plantados separados o con uno cruzado sobre la rodilla. Nunca tengas tus piernas entrelazadas o moviéndose continuamente, ya que esto siempre es un mal signo.

3. Lidiando con tu cabeza

La cabeza y lo que haces con sus variados componentes siempre jugara un enorme papel en el lenguaje corporal. Una vez más, la quietud es importante ya que la ansiedad se exhibe mirando alrededor ymoviendo la cabeza más de lo que es requerido. Esto no quiere decir que debas dejar la cabeza rígida ya que eso tan solo luce falso. De todas maneras, si elige un punto en frente a ti y mantente en esa área, pero siempre conservando el contacto visual con los individuos con los que estás hablando.

4. Tus Brazos

Tus brazos son otro punto de preocupación en el lenguaje corporal y la única cosa que no puedes hacer es cruzarlos o sostener tus manos. Ambos son considerados como signos de ansiedad, y eso es algo que queremos evitar. En su lugar, ten tus brazos a tus lados o incluso, levemente detrás de ti. Alternativamente, ten tus manos en tus bolsillos con tus pulgares saliendo hacia afuera, ya que esto es visto como un movimiento de poder.

5. Ralentízalo

Si estas ansioso o estresado hay una tendencia para que esos nervios te hagan hablar o moverte más rápido de lo normal. Por lo tanto, hace sentir que si tan solo tomas y haces las cosas a un ritmo regular o incluso levemente más lento, será visto como una actitud de mayor seguridad.

6. Recuerda hacer Pausas

Cuando me refiero a hacer pausas, quiero

decirlo tanto en la manera en que te mueves como cuando hablas. Las personas que están ansiosas intentaran volar a través de lo que sea que están diciendo y esto es visto, fuerte y claro para cualquiera que este escuchando. Haciendo pausas, demuestras que estás seguro en lo que estás haciendo ya que frecuentemente el silencio produce ansiedad en las personas.

7. Estar al Descubierto

He dicho antes como necesitamos mantenernos abiertos con nuestro lenguaje corporal ya que las personas ansiosas tienen la tendencia de cubrirse. La idea es que básicamente estas exponiendo las partes más vulnerables de tu cuerpo, en oposición a hacerte ver tan pequeño como sea posible.

8. Ser Expresivo

Es importante que seas expresivo en tus acciones para mostrar que estas cómodo y te sientes seguro. De todas maneras, hay una fina línea entre ser expresivo y ser agobiante, como eso significa que has ido demasiado lejos. Tan solo pasa tiempo sonriendo a otros mientras mantienes el contacto visual, dado que eso probara ser vital.

Usando los Tips en la Vida Real

Los puntos que he discutido antes, son tan solo unos pocos de las cosas clave que siento deberías tener en mente cuando se refiere a usar el lenguaje corporal a tu favor. De todas formas, probablemente estás pensando como exactamente haces esto para empezar, bueno, es más sencillo de lo que quizás creías.

Entonces, imagina este escenario.

Estas esperando impresionar a alguien, ya sea en el trabajo, a un amigo, la persona en si no importa. La pregunta ahora es, ¿qué crees que necesitas hacer en respecto a tu lenguaje corporal?

Para obtener lo que quieres, o mostrar seguridad, sugeriría que hagas lo siguiente.

1. Quédate de Pie

Al permanecer de pie y adoptar una postura alta, implica que serás visto como una persona fuerte. Cualquiera que se inclina hacia adelante o se encorve está cediendo poder y se ve como señal de debilidad.

2. Míralos Directamente

He notado que en más de una ocasión, no puedes costear pasar tiempo mirando hacia otra parte si quieres ser visto como una persona segura. Aunque, deborelatar que no debes simplemente mirarlos fijamente ya que esto seríaincómodo para ellos, y serás visto como un poco raro. Movimientos de cabeza sutiles mientras otros hablar también serán un buen augurio para ti.

3. Habla en Buen Tono

Siempre es importante que hables con buen todo y rito. La clave es no gritar o sonar agresivo, ya que frecuentemente puede ser una línea delgada entre eso y ser asertivo.

4. Usa Gestos Fuertes y Fluidos

Además, he discutido anteriormente la importancia de los gestos y como pueden realmente ser usados para retratas tus emociones y sentimientos. Sonríe con confianza. Los movimientos de manos y brazos necesitan ser fuertes y seguros.

Nunca golpees tus brazos alrededor o muevas tus manos constantemente, ya que esto puede ser visto como una sensación de estar por encima, y más probablemente representa a un individuo que está ansioso. Ve a los gestos como el equivalente corporal de los signos de exclamación cuando estas tratando de comunicar tu punto efectivamente.

Como puedes ver, el punto centras es siempre el concepto de verse fuerte sin importar la situación. La fuerza siempre ha sido vinculada con la seguridad en uno mismo, y la falta de temor, entonces incluso sería recomendable pasar tiempo mirándose en el espejo y practicando el modo de estar de pie y trabajando en esos gestos dado que el resultado que puedes generar podría ser bastante fascinante.

Capítulo 5: Haciéndole Frente a los Inconvenientes en el Lenguaje Corporal

En este capítulo voy a proporcionarles información acerca de cómo lidiar con los inconvenientes que respectan al empleo del lenguaje corporal o problemas de entendimiento de lo que otros están haciendo. La esperanza está en que desafiando estos inconvenientes o problemas que podrías enfrentar, te simplificara tanto evadirlos o incluso simplemente trabajar a través de ellos para tu propio beneficio.

Por supuesto, inevitablemente te encontraras con inconvenientes en cierto punto o incluso estarás demasiado consciente de tu lenguajecorporal y entonces efectivamente entraras en pánicomientras tratas de cambiar las cosas Esta es difícilmente la situación ideal en la cual encontrarte ya que fácilmente puede deshacer todo el arduo trabajo que has estado haciendo hasta este momento.

De todas formas, hay cosas que puedes

hacer prácticamente, para contrarrestar estos problemas en lo que se refiere a tu lenguaje corporal.

Pensando Demasiado

Este asunto es más común cuando estas comenzando o intentando usar el lenguaje corporal para tu beneficio. Pensar demasiad al respecto implicara que sea visto como falso. Esto, por derecho propio, será demasiado obvio para muchos e incluso si tu estas tratando de dar la impresión de confianza en ti mismo, la forma en que acaba por convertirse en algo torpe tan solo significara que las personas creerán que eres cualquier cosa menos seguro de ti mismo.

Un lenguaje corporal positivo debe fluir, lo cual es más simple cuando se convierte en una segunda naturaleza. Si lo pienses en demasiado detalle, entonces los errores ocurrirás dado que tan solo será natural que tus niveles de ansiedad se incrementen mientras lo haces.

No Estas en Sincronía

Cuando alguien nos gusta, o estamos tratando de causar una impresión positiva, entonces frecuentemente intentamos estar en sincronía con ellos. Esto implica que en gran parte imitamos sus movimientos e incluso su patrón de discurso, entonces si no estás en sincronía es mejor que intentes alinearte con ellos. El fracaso en hacerlo se interpreta como falta de interés.

Tus Movimientos son Extraños y Exagerados

Los movimientos son la clave, pero cuando estos son claramente extraños y exagerados en su naturaleza, se convierten en un problema. Irse por la borda con las cosas es tan malo como hacerlas de menos, ya que dan la misma impresión, la cual será ciertamente una impresión que no querrás estar dando.

Falta de Expresiones Faciales

Si estamos aburridos o desinteresados, se vuelve aparente en nuestro rostro. Una falta de expresiones faciales es un signo indicador de que todo no está bien. De todas formas, evita hacer expresiones falsas llenas de grandes sonrisas, porque eso es igual de malo. Mueve tus ojos, has sonrisas sutiles, asiente con tu cabeza en acuerdo, o incluso eleva una ceja, tan solo haz algo para demostrar que aun estas prestando atención.

Señales Descoordinadas

Tu lenguaje corporal debe corresponderse con lo que estás diciendo o sino llevara a una confusión absoluta. Imagina que si tus palabras están diciendo que estasemocionado acerca de algo y tu lenguaje corporal aúnestá muy cerrado. Eso envía malas señales a las personas y conlleva a que no entiendan lo que está sucediendo.

La clave aquí es que te vuelvas consciente de los inconvenientes respecto al lenguaje corporal y tomes acción sobre ellas tan pronto como sea posible. Considerando la importancia que solemos poner en estos movimientos, el fracaso en modificar las cosas simplemente no es una opción que quieras tomar.

Capítulo 6: Los Pasos Finales para Dominar el Lenguaje Corporal

Este capítulo final se enfocara más de cerca a los pasos claves que deben de ser cubiertos a través de los capítulos de este libro. Hacer esto te permitirá tener una mejor idea de cómo pondrás las cosas en acción en tu propio mundo para, por último, alcanzar lo que sea que estés buscando.

El lenguaje corporal es algo que, de hecho, puede ser dominado, al menos en el nivel consciente, y es algo usado para las personas en todos los caminos de la vida, y tu te les puedes unir.

La cosa as importante que puedes hacer en este punto es volver nuevamente sobre los movimientos clave y tips que incluí en el libro e imaginarte a ti mismo haciéndolos. Algunos notaran que ya los haces, y esas son excelentes noticias ya que entonces el resto deberá de ser bastante fácil y directo.

No obstante, como es mi intención hacer todo esto tan fácil como sea posible, voy a recapitular en las cosas principales que tanto deberías asegurarte de hacer, y esas cosas que son mejor evadir.

1. Practica

Si, necesitas practicar eso porque será loco pensar que podrías leer este libro y tan solo alcanzar asombrosos resultados con tan solo preguntarlo. Podría implicar cambios en cómo te paras, sientas, caminas, lo que haces con tus manos, como hablas, y muchas otras cosas que siempre será mejor tomar un tiempo para ensayar.

2. No seas Auto Critico

Cometemos errores, es parte de ser humano pero ser demasiado auto-critico no tiene sentido. Nadie es perfecto usando el lenguaje corporal, entonces no estás solo en cometer errores. La cosa más importante es que sientas que has sido capaz de, a la larga, comunicar las emociones correctas la mayor parte del tiempo.

3. No te Compartimentes a ti Mismo

Tu cuerpo tiene que ser visto como una entidad competa. Esto puede parecer obvio, pero al comienzo te estarás enfocando en una parte de tu cuerpo, y a la larga olvidándote del resto. Evita separarte a ti mismo en compartimentos, ya que el lenguaje corporal necesita fluir de arriba hacia abajo para ser efectivo.

4. No Puedes Ganarlas Todas

Aunque el lenguaje corporal es una herramienta útil, no puedes ganar todas las batallas. Algunas veces, el lenguaje corporal positivo en sí solo no es suficiente, ya que habrán otros factores para tomar en consideración. Al mismo tiempo, el lenguaje corporal positivo nunca debe ser visto como la solución definitiva o un cambiador de juegos. Necesitas tener el juego en su lugar o estás perdiendo tu tiempo.

5. *Necesitas Interpretar tanto como Hacerlo*

El quinto y último punto que me gustaría hacer aquí es que tiene que haber un cierto acto de equilibrio en todo momento, ya que no solo estarás generando tu propio lenguaje corporal, sino que también tendrás que interpretar lo que otras personas están haciendo. Esto puede ser duro ya que hay muchas chances de que al principio te sientas bajo presión, pero todos se sienten así. También, trata de aprender de los otros y lo que hacen, especialmente de aquellos que siempre parecen tener lo que quieres. Si este es en efecto el caso, entonces las chances son que sean bastante buenos con su lenguaje corporal.

Conclusión

¡Gracias nuevamente por descargar este libro!

Espero que este libro haya sido capaz de ayudarte para que comiences a entender, no solo los básicos del lenguaje corporal, sino también la diferencia que puede causar en tu vida.

El siguiente paso es tomar acción, porque no hacerlo no tiene sentido. Cometerás errores al comienzo, pero eso es la vida. Sin embargo, este es ciertamente un caso en que la práctica hace, de hecho, a la perfección, entonces ponte en práctica ya que no hay mejor tiempo que el presente.

Finalmente, si disfrutaste de este libro, entonces quisiera pediré un favor, ¿Serias tan amable de dejar una reseña? ¡Sería muy apreciado!

¡Gracias y buena suerte!